NAS CABEÇAS

josé op

2ª edição

Arte e Diagramação

Andressa Gonçalves

Imagens

Fotógrafo **Juan Pratginestos**

istockphoto.com

freepik.com

Editora Ha'o Kang

Instagram: paivatachi_

E-mail: paivatachi@hotmail.com

Dados Internacionais de Catalogação na Publicação (CIP)
(Câmara Brasileira do Livro, SP, Brasil)

Op, José
Nas cabeças / José Op. -- 2. ed. -- São Paulo :
Ed. do Autor, 2024.

ISBN 978-65-01-13238-9

1. Poesia brasileira I. Título.

24-224295 CDD-B869.1

Índices para catálogo sistemático:

1. Poesia : Literatura brasileira B869.1

Aline Graziele Benitez - Bibliotecária - CRB-1/3129

SUMÁRIO

APRESENTAÇÃO

Brasília no final da década de setenta, eu um recém chegado. Era domingo e eu fazia caminhadas exploratórias.

Já tinha percorrido umas poucas quadras quando observei grande movimento nos fundos de uma galeria do setor comercial da 311 Sul e frente ao gramado dos prédios residenciais.

A minha impressão inicial foi a de estar presenciando uma concentração de hippies, ou algo parecido com um movimento alternativo e pela aparência da maioria dos jovens era algo com que me identificava, principalmente pela extrema liberdade com que tudo era conduzido. Tudo muito raro naquele duro período. Na verdade, estava assistindo pela primeira vez uma apresentação do Concerto Cabeças.

No palco alternavam-se exibições musicais, dos artistas locais, poetas que subiam para declamar, apresentação de danças, performances e outras manifestações.

À frente havia o varal da arte, onde alternavam-se gravuras em serigrafias, também em camisetas, livros mimeografados contendo as primeiras manifestações da Poesia Marginal e também outras publicações literárias, assim iam, inclusive os que aproveitavam, em meio às pessoas, apresentar suas criações, outros oferecendo produtos artesanais, lanches naturebas e longos papos.

Na verdade não era uma concentração totalmente de jovens, havia também alguns pais, a cobertura da imprensa e reconheci o poeta Ferreira Gullar sentado na grama imiscuído à plateia.

Necessário dizer que, entre os demais, muitos desses jovens descobriram suas aptidões artísticas e vieram a tornar-se conhecidos tanto quanto o poeta. Isso gradativamente no avançar daqueles tempos como: Cássia Eller, Oswaldo Montenegro, Zélia Duncan, Renato Russo, Renato Mattos; os poetas Nicolas Beher, Paulo Tovar, Luís Turiba, Chacal, entre outras artes, o artista plástico Wagner Hermusche.

Aqui destaco Sérgio Pinheiro e Remy L.R.Portilho com seus companheiros do grupo musical Mel da Terra, que se tornaram meus parceiros musicais nas minhas primeiras letras, textos estimulados pela ocasião, algumas mais parecidas com narrativas através do recurso de metáforas poéticas, que me fez sentir que eu poderia dizer muito em poucas linhas, naquele pesado momento sob o regime militar, letras passando obrigatoriamente ou sendo retidas pela censura, em parte representadas nesta obra.

Foi também a ocasião que tomei conhecimento do nascimento de um movimento cultural em Brasília, naquele momento quase nascituro, já denominado Concerto Cabeças. Com todas as edições regidas pelo microfone do Néio Lúcio. Nasceu e cresceu, não só no gramado, mas no concreto da Rampa Acústica do Parque, construção própria para céu aberto sobre as cabeças, projetado para resistir às intempéries sazonais.

Recentemente participei da Bienal Internacional de Brasília 2022 no Pavilhão de Exposições do Parque da Cidade e quando estava num estande expondo minha publicação indaguei sobre a Rampa. A redescobri, me indicaram que estava ali bem a minha frente, escondida debaixo da grande cobertura do Pavilhão. Entre eu e a Rampa havia apenas um limite divisório protegendo sua área em desnível, por corrimões tubulares, bem atrás de um palco armado com estrutura de tubos de metais. Nos lados, outros e outros palcos armados da mesma forma, todos com várias modalidades de apresentações bem barulhentas. À frente ela calada, testemunha muda de concreto, cancelada pela imensa cobertura do Pavilhão.

Aproximei sentindo-me inclinado a uma respeitosa reverência, situava-se bem abaixo, intacta, silenciosa e semi sepulta aos olhos. Não deixava de estar limpa e incrivelmente conservada, ainda que relegada ao desuso. Sua primeira fileira de assentos no alto era em degraus corridos de puro concreto, ficava próxima ao nível do solo, depois as demais iam descendo escavadas até ao palco embaixo.

Atrás do palco a dita rampa em concreto com uma inclinação provavelmente de quarenta e cinco graus, o que provocava uma maior acústica interna durante as apresentações de outrora dentro daquele amplo espaço entre as paredes, tendo o céu como teto. Entrei e fiquei imerso naquele, agora, silêncio sepulcral.

Mas ó Rampa! Inda que não tarde, porque graças a você e aos lugares dantes, que me levaram a você, conduzidos pelas vozes na oralitura daquelas letras poemas, denúncias, elegias, melodramas, provocações, seja lá o que for, isso fez que um grande número desas criações fossem musicadas, nas apresentações, shows, preservadas em vídeos, fonogramas, desde aquelas décadas até as mais recentes datas. O que preservou o acervo dessa obra.

Agora poderão voltar em livro pelo acúmulo temporal, voltarem, no mínimo, a serem apresentações musicais dimensionadas pelo tempo num repertório mais vasto, isso já tem acontecido esporadicamente em alguma festa comemorativa, como aniversário do evento cabeças, aniversário do SESC Garagem que foi palco paralelo das apresentações, além de laboratório criativo e cenário dos ensaios.

Agora como livro essas composições se apresentam para simples leituras, porém também apontam um caminho bem promissor, porque deu espaço, para inserir composições mais recentes ao longo dos acontecimentos atuais, que com certeza revelam ainda inversões de valores, provocando reações tão intensas quanto daquela época.

OBJETOS SÃO CORRENTES

Objetos são correntes
Que prendem a gente
São finas, são de ouro
São relíquias, são tesouro
Adornos em correntes
São de metais
São resistentes
São instrumentos
São talentos
São investimentos

Objetos são casas
São carros, são caros
São oportunidades
Promessas de felicidade
São identidade
São cartões
São de plástico
São de madeira
São de barro, de ossos
São vasos, amuletos
São hábitos, são obsoletos
São apegos, são propriedades
São pares, são lugares

São ofícios, são títulos
São milhares
São objetivos, são gente
São amigos
Que estão na corrente
Dos sujeitos que os tornam
Objetos da história deles

Se objetos são correntes
Que prendem a gente
Há objetos que são chaves
Que abrem grilhões
São vias de comunicação
São harmônicas
São chaves eletrônicas
Que libertam multidões
São itens naturais
Veiculados
Por canais artificiais
Que transmitem
Ampliado, o brilho
Da consciência
Na imagem
Na música
No som

BEM

Ô meu bem
Desejamos bem
A todo mundo
A ninguém
Desejamos mal

O Mal se acaba
Com o Bem no lugar
No lugar certo
Bem na mira
O Mal desaparece
Pois o Mal padece
De não estar bem
Ajustado

Se o poder
É mal empregado
Tem que ficar
Com cara de bandido
Como um filhote banido
Tem que comer de conserva
Tem que viver da reserva
Tem que ter
Tempo de duração

Longe da fonte
De alimentação

Suplicar por conexão
Com algum estado de espírito
Com algum amigo
Que o livre do perigo
De estar longe da vida
Eterna
Ao vagar
Fora da órbita
Ansiando pela volta
Para dentro
Dessa ordem
Como esse grande sol
Obediente
Fazendo o seu caminho
Como os planetas em caravana
E essa linda lua
Renovando nossas semanas

Bem
Tem que estar ao meu lado
Bem
Tem que comigo ficar

Alinhando nossas emanações
Com a terra
Pois é certo que o Mal erra
O Mal se acaba com o Bem
Que acerta no alvo
Bem certo no lugar
Bem certo no olhar

Bem
Tem que estar ao meu lado
Bem
Tem que comigo ficar

TER

Não vale a pena
Ter
Um relacionamento
Com alguém
Que não vale a pena
Ter

É melhor não ter
Com quem poderia valer
E que também acha
Que não vale
Ter
A pena
De alguém

E que sempre
Valerá mais
Estando só
Sol
Lua
Estrela

A ter
Seu suficiente
Equilíbrio
Ameaçado
Pela atração
Que sempre
A atração
Exercerá

Que sempre
Manterá
O equilíbrio
No Espaço
O suficiente
Para que não
Haja
Choque dos corpos
Que querem ocupar
O mesmo espaço

Colidindo
Em rotas ignotas
Com corpos
Ignorados

Ignorando
Saber que
Não ter um caminho
Não terá o que cantar

O que é contar
Com alguém
Em caso
De sequestro

Que a mente
Sempre fará
Com quem
Que também acha
Que não vale

Ter
A pena
De alguém
E que sempre
Valerá mais
Estando só
Sol
Lua
Estrela

EU PENSEI

Eu pensei
Que você soubesse
E você não sabe
Eu pensei
Que você visse
E você não vê

Mas me pareceu
Que você soubesse
Por isso pensei
Que você visse
Portanto
Peço que você apareça
Só quando ver de verdade

Para saber ver
Jamais esqueça
De todos
Que sabem ver
Juntos

Que o mundo
Pode ser
Por pessoas
Que sabem ver
O que o mundo é
Na sua essência

Antes do choque fatal
Entre cultura
E natureza
Indivíduo
E civilização

Mas me pareceu
Que você soubesse
Mas você não sabe

O que me fez pensar
Que você visse

Por isso
Peço que você apareça
Só quando ver
De verdade

Para saber ver
Jamais esqueça
De todos que
Sabem ver
Juntos

Que o mundo
Pode ser
Por pessoas
Que sabem ver
O que o mundo é
Na sua essência
Natural
Forte
Poderoso
Leve
Fluido e essencial

Para uma pessoa
Que possa
E esteja podendo
Estar nesse lugar
De poder

Estar recebendo
O que recebeu
Com a vida
Que o mundo dá
A todos
Que sabem
Ver juntos

Que o mundo
Pode ser
Por pessoas
Que sabem ver
O que o mundo é
Na sua essência natural

FRONTEIRAS DA AFEIÇÃO

No sol da manhã
Com o corpo descansado
Nosso amigo chegou
Para nos levar
A romper
Com as fronteiras da afeição
Com os anos que passamos aqui
Neste lugar
Com os amores nascidos aí
Os sentimentos nascendo por aí
Formando fronteiras ao redor

Quando maior
O amor
Ao lar
Ao lugar
Mais forte
A fronteira será
Com o tempo

Como um alento
Nosso amigo chegou
Nosso amigo chamou
Para ver na nossa despedida
Levarmos a essência
Dos nossos sentimentos

Ao cruzarmos
As fronteiras da afeição
Além da linha do horizonte
Seguiremos essa trilha natural
Tornaremos um com ela
Nosso destino
Em qualquer país
Cidade
Uma única verdade
Para a realidade
O domínio
Para eu não ter fronteiras
O dia começa com o sol
Sou alguém que procura
A liberdade de ser

HOMEM

Homem Hô Homem
Maior é a consciência
Do ser finito saber
Ser bem maior o dia do sol
Que vai brilhar
Para o Filho do meu pai
Quem sabe mais do que isso
Que o sol amanhã
Vai brilhar aí
Está tudo certo
É o mesmo dia
O mesmo do filho do meu pai
Do Filho do pai do meu pai
Que viu o mesmo sol brilhar amanhã
Para o filho

Homem Hô homem
Maior é a consciência...

ESMERALDA

Ciranda cirandinha
Vamos todos cirandar
O anel que tu me deste
Era vidro e se quebrou
O amor que tu me tinhas
Era pouco e se acabou

Esmeralda, Esmeralda
Deixa a gente louco
É como colocar
O mundo
Dentro dessa pedra
E só refletir essa cor
Atravessando os pensamentos
Forrando de verdes pigmentos
O fundo das águas
Do Rio das Velhas
Bandeiras perdidas
Na morte do sonho
Caçador de esperança
De Dias
Que quis
Encontrar esmeralda
Olhar dentro do cristal
E ver o verde da esperança

Viver no futuro
Tentando salvar
O presente
Esmeralda deixa a gente louco
Mesmo tendo tantas joias
Quer mais um anel

FILHO DE PEIXE

Tudo na sua ordem
Diária
Foi quando me perdi
Na floresta

O verde dos cabelos
Da Iara
Que me confundia
Na sua
Voz
Além do regato.
Murmúrio dolente
E bravatas rápidas
De cascata

Minha Mãe D'Água!
Quando me perdi
Na floresta
Doce me seduziste
A tomar
Do seu seio
A flutuar de tanto gozo
Na sua superfície
Do seu leito escorregar
Por entre grutas profundas
Seguindo seu curso

Mãe!
Fui dar lá no mar
De cara
Com Netuno
Hô!

Foi quando me perdi
No ordinário
Das frestas dos cumes
No horizonte longínquo!
Dos raios nos cabelos
De Posseidon
Que me aturdia com sua voz
De trovão
Nos vagalhões

Tanto sal na luta
Na boca da vida
Possei do dom e disse:
– Filho! De Pai basta eu
E de mulher
A sua mãe!

E de filho vencer o pai
Fui o primeiro
Depois do meu
A entrar em outro tempo

No calmo dia
Em que Iemanjá
Ocupou o seu lugar
E me fez provar
O sal da mulher!

PROMETEU

Quando Prometeu roubou
O direito
Da outra escolha

Teve que comer do suor
Enquanto outros que comiam
Faziam
Da semente crua
Malandro
Quando dança na rua
É trágico
Quando deixou de ser mágico
Malandro
Quando dança na lua
É mágico

Quando prometeu roubou
O direito
Da outra escolha
Por um nome que é brasa acesa
Como aquele beijo
Que tornou a sua face
brasil
Da cor do pau-brasil

Pois quem meteu
Lenha na fogueira
Fez carnaval
Quem queimou
A mata inteira
Diz que o fez
Pela Bandeira

Quando prometeu roubou
O direito
Da outra escolha
Ostenta o labor
Desse lado descoberto
Gentil homem nu
Na praça natural

Quando prometeu roubou
O direito
Da outra descoberta

Morena índia
Que ficou
Desse lado do salão
Vá antes prá que um aventureiro
Lance mão
A enlace
Trace
Outra direção

Pois quem meteu
Lenha na fogueira
Fez carnaval
Quem queimou
A mata inteira
Diz que o fez
Pela Bandeira

Quando Prometeu roubou
O direito da outra
Escolha

MEL DA TERRA

Sinto as estrelas
E uma conta a história
Quem quiser
Terá que ter da minha
Como faço com as vidas
Colhidas
No prato
Como
Como uma única missão celeste
Da sorte
Ser dona do Poder
Da morte
Criar crosta terrestre
No Estado Maior
Que te conquista
Vem
Permaneça
Insista
Num que obedeça
A ordem
Do universo estrelar
Poderá esperar
Nas quatro estações
Do sistema
Solar

O desejo que inflama
Sementes da vida
Retidas na chama
Da mulher
A vida prá quem quiser
Terá que ter
Da minha
Como faço
Com as escolhidas
No trato de ser
De dar a sorte
Dona do Poder
Da morte
Criar crosta terrestre viva
Para proteger
O Mel da Terra
Que se encerra
Num estado maior
Dos Estados
Que permanece
Na ordem do Universo
E estrelar um dia
Que se encerra

QUANDO TODOS

Quando todos
Somos um
Quando todos
Chegamos
A um único lugar

Aquele
Onde queremos estar
Quando somos um
Nós e o lugar

Também
Quando
Não me esqueço
Do sol
Em que me aqueço

Quando eu
Todos
Não querem
Que eu cesse
Quando
Todos
Eu quero
Que ninguém
Cesse

Porque é de todos
O sucesso
Com todos
Todo sucesso
Um céu azul
Também
Quando não me esqueço
Do sol em que me aqueço

Quando todos
Somos um
Quando todos
Chegamos
A um único lugar
Aquele
Onde queremos estar
Quando somos um
Nós e o lugar

CORAÇÃO MIGRANTE

Você mesma
Pessoa que canta
A todo coração
Que canta
Feliz

Que seu coração já está aqui
Lá de onde veio, me explicou
Que um dia seu coração ficou
Ficou, ficou na mão

De alguém que a tomou
Da sua antiga morada
A tomou dos campos infinitos
Do seu sonho de ser feliz

Tanto
Que a tomou
Da mão de alguém
Tanto que você ficou
Você ficou na sua vontade infinita
De ir mais além

De sair do cativeiro
Da vontade de alguém
Do aperto forte
No seu coração
Que estava livre

Nos campos infinitos do sonho
Que estava livre
Para viver o seu próprio amor
Único que voltou para você
Para você, para você

O seu amor por você
Você mesma pessoa
Cujo coração voou
Para a mão de alguém

Mesmo coração que voou
Da mão de alguém
Para um sonho sem fim
De uma vida feliz, sua assim
Vinda bem para você

O SEU AMOR

O seu amor
É uma palavra
Que o seu corpo responde
Um sentimento, emoção
Que a sua mente esconde
E que seu olhar denuncia

Tanto que
Você usa trapaça
Para esconder
A rota que você traça
Para esconder
O caminho

Em que seu desejo
Insistente passa
Enquanto que
O seu amor
Ainda é uma palavra

Que o seu corpo responde
Um sentimento, emoção
Que a sua mente esconde
E que seu olhar denuncia

O Seu Amor...

Que sua mente esconde
Um sentimento emoção
Que o seu corpo responde
Ainda é uma palavra
Em que seu desejo
Insistente ultrapassa

O caminho
Para esconder
No olhar
O que sua mente denuncia
O seu amor

JOANA

Seus filhos vagavam
Seus pais procuravam
A seus filhos que chamavam
Aonde se esconde
O Filho
De todos que lhe amavam

Seus pais a procuram
Mesmo porque ela faz
Seus filhos
Se entenderem
Aonde ela se espalhou
Seus filhos seus pais entenderam
Mesmo assim procuravam
Joana!
Maria!
O mar
Joana!
Procuravam o mar
Que os leve novamente
Aonde se estendeu
O mar
Joana...
Nos leve
Até aonde se espalhou
O mar

Nos leve novamente
A que nos deu
Joana! O mar!
Aonde se espalhou
Aonde se estendeu
Em todos que a procuram
Nela acham a cura
Seus pais a procuram
Mesmo porque ela faz
Seus filhos
Se entenderem
Aonde ela se espalhou
Seus filhos seus pais entenderam

Que a todos
Que a querem
A chamam
Joana!
Maria
O mar
Aonde se esconde
Aonde se espalhou
Em todos que a procuram
Joana!
Maria!
O mar!
Joana

Sus hijos vagaban
Sus padres procuraban
A sus hijos que llamaban
Adonde se esconde
El hijo
De todos que lhe amaban

Juana!
Maria!
Juana
El mar!

UM MOMENTO

Um momento de amor
Que alguém te dá
Se troca
Com outro
Momento

Momento de amor

De amor

Quando a vida dar
Um momento de dor
Por amor à sua vida
Troca
Por todos os momentos
De amor
Que a vida sempre dá
A quem tem amor
À vida

De quem vive
No mesmo momento
Em que todos estamos vivendo
Um momento

CONTRACULTURA REVIVAL

Contra cultura
Underground revival
Tempos idos vividos
Quando no USA
Ser jovem era um risco
Até onde sei
Morar ali, pelo visto

Tudo não era o mesmo diante da lei
Tanto fazia ser alternativo, pacifista
Ou guerreiro

Quando pior era ser negro
Índio
Pobre ou estrangeiro
O destino era o mesmo
Ir para o Vietnã fazer guerra

Para nós aqui a situação
Não era melhor na nossa terra
O lema aqui era
Brasil, ame-o ou saia
Isso aconteceu com Tim Maia
O Sebastião não tinha nome
Não tinha saída
Não era de cor ou raça favorecida

Contra cultura underground revival
Tempos idos
Vindos
Nos tempos de agora
Tony Garrido
Lido
Diz haver somente
A raça humana
No mais são nuanças
Das cores do povo
Em um único universo
Tão eterno tão novo
Único amor
Não nos faz diversos
Em vários versos
Contra cultura underground revival
O que faz a diferença
Pode-se chamar
De divergências
Dos que não querem
A riqueza de tons
A surpresa que nos traz
A multiplicidade de sons
O que importa é a paz
Num único globo
Se livrar das várias maneiras
De ser o sabido bobo
E inaugurar novas besteiras
Mesmo que não acreditem
Que ainda hoje se multipliquem

NÊGO SÃO

Nêgo são
Criolo São
Brancura sã
Preto, Índio
Humanidade
Em todos
Ainda cura
Quem está só
E procura só
Esse mistério
Que também tá
Na raça pura
Esse mistério
Que também está
Na mistura

A separação
É para quem
A começa
É para quem se liga
Na promessa
Por pedaço de chão
Por banda de pano

Várias bandeiras
São desavenças
Que criam elegias
Para quem vença
Que é também
Quem perde no final
Do tempo
Em que ficam poucas
Bandeiras rôtas
Ô
Criolo São
Brancura sã
Preto, Índio
Humanidade
Em todos
Ainda cura
Quem está só
E procura só
Esse mistério
Que também tá
Na raça pura
Esse mistério
Que também tá
Na mistura
Criolo São
Brancura sã
Humanidade pura

TEM HORA

Sabe
Tem hora que o mundo
Me deixa sensível
Sabe
Tem hora
Que tudo parece tão difícil
Sabe
Tem hora
Que viver não é mais real

Sabe Agora
Han Han
A tensão é mais do que o normal
Viver
É tão natural
Sabe
Tem hora

VENDAVAL DA JAMAICA

Disse:
-Um ser é o vento-
E que há um brasileiro
Que corre noite e dia
E que nunca deixou entrar
O furacão!

Eu mencionei um nome!
Sou da América do Sul
E aqui ainda não veio
Daqueles
Ciclones
Eu mencionei
Um nome
Na Central
América
Você já ouviu falar
Do vendaval
Da Jamaica
(...)
Do vendaval da Jamaica

E está aqui
A proposta declarada
Para mudar as coisas
Vento varrendo
Para limpar as coisas
Vento removendo
Para mudar as coisas

CLUBE

Você chegou
E me perguntou
Se eu também
Era do Clube
(...)
A cena era uma passeio
Na calçada
O maior Astral
Na frente
Só fachada
Sem interior
Com alma
De artista
Com cenários
E produtor
Rolando um papo
De cantor
Com voz afinada
Com play back
Criando atmosfera
Para falar de amor
De amor loucamente

E eu também era do clube
(...)
E eu também...

Você chegou
E me perguntou
Se eu também te imagino
Como essas luzes
Que foram feitas mesmo
Para hipnotizar
O olhar
Sem pensar
Poder sentir
O som
Além de todos os sons
Do universo
Nessa concha acústica
Da abóboda celestial
Lente de aumento
Para ver as estrelas
No firmamento

E eu também...

PODE BRINCAR

Pode Brincar
Com seu olhar
Se deixar levar
Pode Voltar
Se deixar levar
Pode voltar
Se deixar levar
Pode brincar
Fitar o sacana
Dispensar bacana
Se alguém te chama
OI
E se te engana
Pode brincar
Com seu olhar
Se deixar levar
Pode voltar
Se deixar levar
Pode brincar
Pode voltar
Rolar na grama
Passar sem grana
Se alguém te chama
Oi
E se te ama

Pode brincar
Com seu olhar
Se deixar levar
Pode voltar
Se deixar levar
Pode voltar

AS QUATRO ESTAÇÕES

O Rei de Espada sacou
Da espada
O Rei de Ouro disse:
Calma
Podemos negociar
O Rei de Paus
O que vamos fazer
Com toda essa madeira?

O Rei de Copas
Que Folharão
Na Primavera
Florirão
Verão
Outono
Inverno
Pá! Pá! Pá! Pá!
...

IDEAL & REAL

Não existe pessoa no mundo
Que eu mais ame
Do que a pessoa ideal
Que um dia
Foi prestar tributo
Ao real
Ao real
Reina o rei
Reina rei
Realiza
Realidade
Realidade reinará
Não existe pessoa
No mundo
Que eu mais ame
Do que a pessoa real
Reina o Rei
Reina Rei
Realiza
Realidade
Realidade Reinará

ROLOU

Rolou tank
Rolou punk
Rolou Magnata
Rolou a mais pura nata
De intelectuais
Mestres
Maestros
Das nossas sinfonias
Musicais
Com você
Rolou o som
Do Rojão
Que pode estourar
Na sua mão
Pois foi você
Quem inventou
A pólvora
Pois foi você
Quem inventou
A pólvora
Pois foi você
Quem inventou
Quem inventou

TUDO TUDO

Tudo tudo...
Que você me mostra
Eu gosto
Gosto de ouvir a sua música
Quando você fala
Já, já, já sou portas abertas
Ouvidos, olhos, nariz e boca

Quando você aponta
Com sua mão
Sigo as pegadas dos seus pés
Trago o meu corpo
Lado a lado
Lado alado os ouvidos voam
Lado alado os olhos pousam
Lado alado
Cheiro o cheiro do odor
Se for
Se na boca
Sinto o sabor

Tudo, tudo...
Que você me mostra
Eu gosto

CHÁ-LÁ-LÁ

Chá-lá-lá
Quando te vi
Chá-lá-lá
Você tremeu
Tremeu Chá-lá-lá
Como geleia
Chá-lá-lá
Você ficou maluca
Chá-lá-lá da ideia
Chá-lá-lá
Quem aproveitou
Fui eu
Chá-lá-lá

Chá-lá-lá
Disse
Eu te amo
Chá-lá-lá
Eu te adoro

DONO DO SOL

Você que pode tirar
Tudo que você quiser
Trocar de roupa
Adoçar a boca
Aguçar o seu olhar
Sempre sei que vou gostar
De você
Passar a mão
Na ilusão
Me fazer sentir o tal
O tal real
E o amanhã
Amanhecer igual
Dono do sol

ENCANTO

Tanto tempo eu levei
te levei
levei dentro do meu encanto
e você chegou prá me tentar
já que gostou e tirar tentou
o encanto que me tinha
que prendia você na minha
enquanto que não ficou prá mim
e aí eu não tive prá você assim encanto
que tinha feito prá você
enquanto desmanchou um
que tinha a sua cara
você quis me ver com outra cara
com outra cara me apresentei
tudo bem
prá você também
e eu não tenho forma
e é prá gente fazer agora
encanto prá poder viver
dentro do encanto

LÚCIA

Antes de fazer música
Eu ouvi muita música
E me amarrei nestas paradas
Antes de dar o primeiro beijo
Vi muitos beijos na televisão
Muitos desejos
Antes de dar o primeiro oi
Antes de ouvir o primeiro não
Eu disse não
Não negação não
Negativo nunca
Nega nada não
Negada
Nunca não nega

Antes de ter astúcia
Conheci a Lúcia
E com ela me amarrei nestas paradas
Antes de dar o primeiro beijo
Vi muitos beijos na televisão
Muitos desejos
Antes de dar o primeiro oi

CHINFRA

Aquela chinfra
Que você colocou
Era mais que bela
Era um toque
De paz
E amor
E paz
Serenidade
Calma total
Amor sensual
Amor
Sensual
Aquela chinfra
Sensual
Que você
Sensual
Colocou
Sensual
Era mais que bela
Era um toque
Sensual
De paz
Sensual

E amor
Sensual
E paz
Serenidade
Calma total
Amor
Sensual

HITS

Aqui é aonde as coisas
Se resolvem facilmente
Porque é que não deu de primeira?
Fui por marcação e por insistência
Pelo fog
Pelo blog
Palmas a palmas
Boca a gosto
Pelo Hits
Pela porta giratória
Só subindo como o fogo
Só descendo como água

A vida é assim
Tem para todo mundo
Olhares se fartando de sorrisos
Oba!
Tá todo mundo bem
Se produzindo
Saindo do nimbo
Tá pra você meu bem
Tá pra você
Tá pra você
Yeh yeh
Tá pra você também

Aqui é onde as coisas
Se resolvem facilmente
Porque é que não deu de primeira?

EXILADO

Eu:
O dia em que você me deixou
Ficou mais triste
O Dia
Soou...
No ar...
Para outros
Todos os Sons
Luz em todos os tons
Apenas eu exilado
Desses momentos bons

Ela:
Quando me falou:
Eu quero deixar
De o tempo todo atuar
Eu quero deixar
De ser você
Deixar de pedir
Para eu ser Eu
Para o mundo ser
Um pouco meu
Quero me despedir
De ser você
De ser personagem
Quero ser feliz
Não ser o tempo todo

Apenas a atriz
Que você inventou
Como parte
Do seu conselho
Seu espelho
Sua imagem...
Eu quero ter coragem
De me despedir
De ser você
Deixar de pedir
Que seu amor
Seja só por mim
Que meu amor
Venha de você

....

Meu amor
Pode ser livre
Pode ser sério
Sentimento insondável
Voltar a ser mistério
Me completar um gesto
Incrivelmente amável
Totalmente honesto

Com o outro
Mesmo assim me veja
Em você
E por breve tempo
Sem mim
Ocupe o seu lugar
Um só instante assim
Não para sempre
E que sem culpa
Eu me lembre
Como você tomou de mim
O lugar que você ocupa

Eu:
O dia em que aquela falta de amor
Teve fim
Eu voltei para mim
O dia
Soou
No ar
Com todos os sons
Com todos momentos bons
Sentimentos coloridos
Em todos os tons
Eu sou assim
Quando dois
Há um eu corrompido
Sem mim

O AMOR DE BILLIE

A dor de billie
dói de fazer dó
é uma dor
que
se holli
ela pole
day
after day
diferente das pessoas
muitos esquisitas
que não conquistam
quando só
pessoas
que não vivem
como os que
convivem
quando só
sem pessoa
sem nada

quando não só
são gente
the love of billy
move day after day

o amor de amy dói
dói de ficar só
amy winehouse
dói
no pause
the love

MARITACAS

Invadem a cidade, até a capital
no centro os ciganos mercantes
falantes da felicidade
maritacas que não param de falar
o bonito não é esquisito
se o periquito é verde
e salta os olhos
e esses bandos tem
esses bandos tem
mil olhos
nesses anos nos centros urbanos
vou ganhar um presente igual
se não parar de chover
as copas me cobrirão
se na estação somem os frutos
deixam cair no chão
suas sementes
nada está perdido
se o dia é comprido
e ainda chove
brotos
invadem a cidade
nascem na capital
e vêem toda terra
e toda terra é terra natal
vou ganhar um broto novo
um jeito novo
e é somente semente
somente semente

O SER

Eu sou um ser
Eu sou um a mais
Eu sou o que espera
O que fala:
– Que tudo que você esperar
Seja de você
Seja pra você
Que caiba na sua mão
Que caiba no seu coração
E que nos dê
A todos nós
Tamanha satisfação
De ver a realização
Da sua vida
De mostrar a todo mundo
Como cada um cuida de si
Do lugar onde pisa
Do seu planeta
Como das plantas
Dos seus pés

Que olhe para dentro
Que olhe para fora
Que olhe para cima
Bem para o alto
E que circule junto
Com a força
A força do Universo

CÚMULOS

Você me disse
Que naquele dia
Você não queria
Que ninguém
E nem eu visse
Como você estava
Naquele dia
Em que só podia
Ter consigo alguém
Como um rio amigo
Que passa
O rio amigo
Em que descarregou
Todas as suas pragas
Mesmo sabendo
Que suas águas
Devido as pragas
Carregaram o veneno
Nas suas correntes
Onde vão todas
As águas das torrentes
Que levam frutos e alimentos

A todos viventes
Viventes das águas
E da terra
Que lavam as mágoas
Nessas águas
Que vão para o rio
Também assim
Se lavam
Nas lágrimas
Da face
Na Terra

Onde caminham gente
Onde erram
Esses viventes
Da Terra
Que guardam
Sentimentos
Que vão para as águas
Do rio amigo
Do rio das pragas
Que leva as mágoas
Ao mar
Como lágrimas
Que desaguam
E lavam
As mágoas

Como torrentes
Em temporais
Vindos dos cúmulos
Como torrentes
De sentimentos
Que vão
Para o rio amigo

NESSA TEMPORADA

No zoom
Do zum-zum-zum
Das abelhas
(bis)

Nessa temporada
Além de conhecer a estrada
Que vem até a porta de sua casa
Que nos traz e leva peregrinos
Dos confins do mundo

Onde estamos vivendo
A nossa temporada
Com todos os aparelhos
Ligados na tomada
Vimos por todos os canais
Abertos e fechados

Que a nossa temporada
Está ameaçada
Pelo desaparecimento das abelhas
Avisam os peregrinos internautas
Para que parem de combater

Nessa temporada
O que pensam ser pragas
Delas saem flores
Nessa temporada
Há ameaças de extinção
Delas
As abelhas
Que sabem apenas
Ser abelhas
O que basta
Para deixar que o pólen
Insemine as flôres
Onde nelas vão as abelhas

Nessa temporada
Não
Talvez não na próxima temporada
Mas nas outras os filhos
Poderão ser privados de terem
As suas temporadas

Apesar de se conhecer
A estrada
Que vem até à porta
De sua casa
Com todos os aparelhos
Ligados na tomada
Vimos por todos os canais
Abertos e fechados

Que nos trazem
E levam notiças
Como a
Do zum-zum-zum
Das abelhas

HILÉIA

Somente a água, a comida e o dinheiro
Podem pagar a fome
Podem apagar o fogo
Na floresta amazônica

Somente as flores
Antes de serem queimadas
Podem convencer os canhões
Podem calar os canhões

Na floresta amazônica
Somente o Brasil pode salvar
Seus filhos caraíbas sem espaço na nação
Indo na boca da mata
Coivarar um pedaço de chão

Sem adornos no babaçu, acaís, cedros e cumarus
Queimando sem saber o reinado dos vegetais
Queimando sem saber o reinado dos animais
Sem saber do reino dos vegetais
Sem saber do reino dos animais
Na floresta amazônica

Hiléia, velha floresta
Homem ô homem

MEGATHOR

Disse Nelson Rodrigues:
—Toda a unanimidade é burra
O reitor também me disse isso
Que toda a unanimidade
É burra
Que também
Não posso
Ficar por cima
Do muro
Que tenho que tomar
Partido
Como se eu não soubesse
Que de um lado
O muro
Se estende até ao infinito
Que do outro também
E que por cima do muro
A sua espessura
Pode também se estender
Ao infinito
Por isso dura
Até ao infinito
Que toda unanimidade é burra
Mas só
Para quem desconhece
O sentido do Universo
Com seu único verso
Mas também um único lado

Infinito
E há ainda por ai
Quem comece
Por seu único verso
Quem circule em volta
De um único lado
Mesmo infinito
Mesmo sem volta
Mesmo sem verso
E ainda assim
Há um único verso
No universo
Onde as arestas
Só começam
Quando as formas esféricas
São quebradas
Onde
De redondas ou curvas
Nas suas medidas
Trigonométricas
Quando se quebram
Por algum capricho
Partem-se em retas
Tornam-se quadradas
Conquanto ainda quebradas
Criando geométricas
Formas

Ainda que se erro da visão
Disse Albert Einstein
Sobre as retas
Que não existem
Em grande extensão
Na visão esférica
Dos astros
Na visão curva
Das trajetórias das órbitas
O que se replica
É o curto momento
Em que volto a dizer
Em que do reto se acha a parte
No que se diz
Que toda a unanimidade
É burra
Mas tão somente para quem
Desconhece
A origem do drama
Da matéria viva
A partir das todas energias
Compulsórias
Que são emanações cósmicas
Que se tornam dramáticas
Quando emitidas sobre os seres
De todas as espécies
Que por elas são compelidas

Mesmo que por compulsão
Como a sexual
Mesmo por interesse
Da Terra
Ao procriar
Para criar sua crosta
Povoam este planeta
Mesmo por mandato
Compulsório
Como o de respirar
Como os das ingestões
Que os levam a fazer
O jogo do meu
Ou teu
Do Sim
Ou Não
Do Mais
Ou Menos
Foi criado o partido
Dividido o Uno
A unidade desintegrada
Como numa explosão do som
Em megatons
Megatons...
Megatons
Quando antes ficaram
Ligados ao refrão
Da canção que diz

Você amou, você amou (bis)
Ter odiado tanto assim
A destruição
A separação
Entre você e eu
O tempo todo
O todo todo
Você amou (bis)
Ter odiado
Tanto assim o obstáculo
Que causou a separação
De você
E eu
Do todo
O todo todo
O tempo todo
Você amou
O todo todo...

VOZ DO SILÊNCIO

Disse Elie Wiesel:
"*Sempre tome partido*
A neutralidade ajuda o opressor
nunca a vítima
O silêncio encoraja o torturador
não o atormentado"

Então pense:
Quando se está entre duas paredes
a da direita e a da esquerda
ali onde reside
silêncio
pense que todos ainda podem inaugurar
o novo e vasto espaço
muito maior
que existe
além das paredes
Lugar que também não pode
ser ocupado
só pelo silêncio

Na Voz
que não pode atravessar
A parede da direita e
se não pode atravessar
a parede da esquerda
ainda há o tempo
que avança
contra a parede

Quando uma voz é ouvida
de que há vida
não há dúvida
que há inteligência
no espaço além das paredes

ÚLTIMA PÁGINA

É como despertar alguém
De uma história que se acabou
E virou
A última página
E voltou
Para a sua vida
Uma história que se acabou
Como uma última página
Pintou o fim
O fim
Para uma pessoa como eu
Que nunca teve
Uma meta final
Alguém inventou
A última
A última página
Pintou o fim
O fim
É como despertar alguém
De uma história que se acabou
E virou
A última página
E voltou para a sua vida

FIM

POSFÁCIO

Depois de mais um ensaio o Sérgio veio falar com a gente para o Zé Osvaldo "Papa" ser o diretor do show.

- Pô Sérgio, mais um? Foi ele que fez a letra de viralata com você?

- Paulão, esse não é mais um. O cara tem uma cabeça legal e pode nos ajudar muito. Tem altas letras que a gente pode musicar. Vamos hoje a noite ao Beirute bater um papo com ele.

Sexta-feira é dia de festa no Beirute. Chegamos lá pelas 10 da noite e já estava lotado. Fiquei batendo papo com o Sérgio enquanto o Paulinho tinha ido procurar o Zé Osvaldo.

- Beleza?

Ele abriu um sorriso muito sincero, me cumprimentou e voltou a colocar as mãos dentro dos bolsos da sua velha calça jeans. Tinha um lado tímido, mas ao mesmo tempo parecia estar a par de tudo o que acontecia ao seu redor.

- Descolei uma mesa. Vamos sentar e bater um papo. (Paulinho)

Os ensaios estavam cada vez mais concorridos, muitas gatinhas iam nos dar a maior força e claro, para paquerar também. O Zé Osvaldo participava de todos. Nos dava altos toques no repertório e músicas dele com o Sérgio e o Paulinho foram aparecendo. Tocamos Estrela Cadente para ele ouvir e ele achou melhor trocar uma palavra no refrão, ao invés de repetir "sobre nossas cabeças", ele opinou em colocar "sobre nossas cabeças, dentro de nossas cabeças". Concordei na mesma hora.

Começamos a preparar o nosso primeiro show solo. O Remy começou a compor com o Zé Osvaldo, Sérgio e Paulinho. Estávamos num pique imenso, uma interação muito grande. Fomos à Fundação Cultural e conseguimos uma data em outubro no Teatro Galpão na 508 sul. A pressão sobre nós era maior.

A responsabilidade de fazer um show de três dias no Galpão que era um referencial para a cidade e para os artistas em geral, nos deixava um pouco tensos, mas nada que pudesse interferir na nossa capacidade de encarar desafios. O Zé Osvaldo assumiu toda a direção do show, além de compor.

Ensaiávamos quase todos os dias, o Paulinho nos apresentou uma música nova chamada "Árvore Frutífera", um rock/country bem divertido e definimos que seria o nome do show..

Fomos a várias Rádios tentar colocar na programação a gravação de "Mel da Terra", uma música do Sérgio e Zé Osvaldo. Certa noite depois de voltar do Colégio, o Remy me ligou desesperado:

– Alô Paulão? Corre e tente colocar aí no teu som a Rádio Nacional, eles vão tocar a música "Mel da Terra" daqui a pouco.

Corri para o meu quarto, liguei o meu som 3 em 1 e fiquei esperando. De repente começa a introdução da música com o Remy ao piano. Engoli seco para não chorar. "Sinto as estrelas e uma conta, a história quem quiser..."

Lá estava "Mel da terra" pela primeira vez no rádio. Uma grande emoção tomou conta de mim naquele momento. Todos os sonhos de criança, com noites em claro ouvindo rádios, estavam se realizando, tocando numa banda, com pessoas maravilhosas.

Paulo Maciel Torres - Músico e Compositor

PRODUÇÕES BIBLIOGRÁFICAS

PAIVA,J.O..RUPIGWARA: A RELAÇÃO PRIMEVA DO ÍNDIO KAWAHIB COM O PRINCÍPIO DA DEPREDAÇÃO. Imaginário (USP, v. 17/18, p.383-409,2011.

PAIVA, J.O.. PSICOLOGIA E EDUCAÇÃO EM RONDÔNIA:PESQUISA E REALIDADE BRASILEIRA.1. ed. São Paulo: Casa do Psicólogo Libraria e Editora Ltda,2002.v. 1.. 312.p.

PAIVA, J.O.. A CULTURA TRADICIONAL KAWAHIB E O DIÁLOGO COM AS VERSÕES MESTIÇAS AMERICANAS NAS PRÁTICAS DE DOMÍNIO DA CONSCIÊNCIA.. In: Ana Maria de Lima Sousa. (Org.). Psicologia, Saúde e Educação: desafios na realidade amazônica.. São Carlos/SP: Pedro & João Editores, 2009, v.,p. 85-117.

OUTRAS PRODUÇÕES

PAIVA, J.O.. HISTÓRIA DO IDIOMA NACIONAL DO LATIM AO PORTUGUÊS. 2009. (Desenvolvimento de material didático ou institucional -MEC/UAB/EAD/UNIR -Universidade Federal de Rondônia).

PAIVA, J.O. HISTORIA E TIPOLOGIA DO LATIM.. 2009. (Desenvolvimento de material didático ou institucional - UAB/EAD/UNIR-Universidade Federal de Rondônia)

PAIVA, J.O. DO LATIM.ÀS LÍNGUAS ROMÂNICAS. 2011 (Desenvolvimento de material didático ou institucional - UAB/EAD/UNIR-Universidade Federal de Rondônia)

ROMANCE

JOSÉ, Op..O PRÓDIGO - 1 ed. - São Paulo: Editora Ha'o Kang. 2021. -São Paulo. ISBN 978-65-00-24533-2. Impressão e Distribuição: amazon.com

www.ingramcontent.com/pod-product-compliance
Lightning Source LLC
LaVergne TN
LVHW091330150826
845673LV00006B/1823

* 9 7 8 6 5 0 1 1 3 2 3 8 9 *